Anne-Mareike Schultz · Dennis Möck-Ludwig

Crystal Grid Orakel

KRISTALLBOTSCHAFTEN –
Wünsche und Visionen manifestieren

ANLEITUNG
ZU DEN 40 KARTEN

ISBN 978-3-8434-9145-7

Anne-Mareike Schultz & Dennis Möck-Ludwig
Crystal-Grid-Orakel
Kristallbotschaften – Wünsche und Visionen manifestieren

Layout der Box, der Karten & der Anleitung: Simone Fleck, Schirner, unter Verwendung von #81012826 (© HolyCrazyLazy), #257908271 (© Ratana21), #277475495 (© vata), #341320430 (© dwph), 406178962 (© Olga_C), #1438593257 (© sunniwa), #135178952 (© Woodhouse), www.shutterstock.com, sowie Crystal-Grid-Fotografien von © Anne-Mareike Schultz und © Dennis Möck-Ludwig
Lektorat: Kerstin Noack-Zakel, Schirner
Printed & bound by: Ren Medien GmbH, Germany

www.schirner.com

1. Auflage Oktober 2020

Widmung

Wir widmen dieses Kartenset
unseren Müttern – unsere Liebe
für euch ist unendlich – sowie allen,
für die das Normale nicht genug ist und
die vor der Magie nie
die Augen verschließen.

Crystal Grids – wunderschön, magisch, wirkungsvoll

Als wir vor einiger Zeit an unserem ersten Buch über die Crystal Grids schrieben, konnten wir kaum erahnen, welch Segen und tiefe Freude diese heilsamen Muster in so vielen Menschen auslösen würden. Wir sind sehr glücklich, ein Teil dessen zu sein, denn die besondere Wirkung, die das Legen von Kristallen nach Mustern der Heiligen Geometrie erzeugt, ist für uns immer wieder magisch. Kristalle – und insbesondere Crystal Grids – erschaffen heilige Räume, in denen wir Harmonie entfalten, uns zentrieren, unseren Fokus halten, Sorgen abstreifen, unseren Ideen eine Form geben, emotionale Themen bereinigen, tiefer in die Meditation gelangen, einen Schutzraum erschaffen und vieles mehr tun können. Die Möglichkeiten, ein Crystal Grid zu legen, Kristalle mit Mustern, Symbolen und anderen Formen zu kombinieren, sind nahezu unendlich.

Uns ist bewusst, dass nicht jeder immer die passenden Steine zur Hand hat, um ein Grid zu legen, und vielleicht auch nicht die Geduld oder Eingebung, um ein Grid entstehen zu lassen. So haben wir uns entschieden, etwas zu kreieren, wodurch du mühelos mit Grids arbeiten und ihre Kraft für dich kinderleicht nutzen kannst: dieses Kartenset.

Wir freuen uns, dass du mit uns diese Reise machst. Mögen dich die Kristalle in ihren magischen und einzigartigen Bann ziehen.

Deine Anne-Mareike und dein Dennis

Die Idee dieses Kartensets

In unserer täglichen Arbeit mit Kristallen und Crystal Grids fällt uns immer wieder auf, dass es bei manchen Themen einfacher ist, sich von außen inspirieren zu lassen. Häufig fehlt aber auch einfach der eine oder andere Kristall. Nicht selten haben wir uns in diesen Fällen mit dem Bild von einem Grid, das wir ausgedruckt haben, beholfen. Wir haben immer wieder festgestellt und erlebt, dass das Bild eines Grids eine ähnlich hohe Wirkung hat. Daraus ist die Idee geboren, ein Kartenset zu kreieren, das verschiedene Themen mit wirkungsvollen Crystal Grids verbindet. Die Karten sollten gleichzeitig als Impulskarten verwendbar sein und zeigen, welches Thema gerade wichtig ist oder welche Unterstützung benötigt wird. Neben 30 Crystal-Grid-Karten haben wir 10 Kristall-Karten kreiert, weil wir aus eigener Erfahrung wissen, dass man die Energie eines Grids, aber auch die eigene mit der Schwingung eines bestimmten Kristalls optimal unterstützen kann. So können die Karten vielseitig benutzt werden, nämlich als Impulskarten, aber auch als Stärkung für dich in Bezug auf ein bestimmtes Thema, für den Altar oder auch therapeutisch.

Diese Karten dienen dazu, die eigene Magie und das eigene Licht sichtbar zu machen und sich mithilfe der Bilder, der Kristalle, der Muster und der Botschaften mühelos auf die Themen einzulassen und das Erwünschte ins Leben zu ziehen bzw. auszuschließen, was unerwünscht ist. Die Grids fördern die eigene Achtsamkeit. Das Grid »Schutz auf Reisen« z.B. meint nicht, dass du unverwundbar oder »unüberfallbar« bist, stattdessen soll es dir Unsicherheiten nehmen. Die Karte darf dir zu Hause auf dem Altar oder auf Reisen, in deine Reisetasche gelegt, eine Unterstützung sein. Auch die Karte »Schutz für Kinder« wirkt auf diese Weise. Du kannst sie in den Schulranzen oder die Tasche legen, um deinem Kind ein Gefühl von Geborgenheit und einen Schutzkreis zu schenken.

Wir lieben Karten und die Technik des Grid-Legens, und wir freuen uns, dass wir beides nun miteinander verbinden und damit etwas ganz Neues erschaffen konnten und dir damit die Möglichkeit geben können, diese Karten auf die vielfältigste Weise für dich zu nutzen.

Die Anwendung der Karten

Dieses Kartenset eignet sich für jeden, der …

- sich von Crystal Grids angezogen fühlt
- sich zentrieren möchte
- die Kraft der Steine, der Muster und Worte für sich nutzen möchte
- mithilfe der Grids Rituale für sich oder sein Gegenüber (mit Zustimmung) durchführen möchte
- mit sich selbst in Kontakt treten möchte
- therapeutisch mit den Karten arbeiten möchte

Die Karten sind für Jung und Alt gleichermaßen geeignet. Sie können dir in jeder erdenklichen Lebenssituation als Begleiter und Ratgeber zur Seite stehen. Sie dienen dir dabei als Impulsverstärker oder Wegweiser. Du kannst und darfst die Karten allein, aber auch in Gemeinschaft ziehen und legen, wenn du dies möchtest. Du kannst die Karten aber auch zur Unterstützung für andere legen. Die Steine begleiten uns überall, auch wenn uns dies nicht immer bewusst ist. Vielleicht inspiriert dich dieses Kartenset dazu, es zusammen mit anderen Kartensets zu benutzen oder deren Legemethoden zu verwenden. Du bist vollkommen frei, alles miteinander zu verbinden und so zu verwenden, wie du es bevorzugst. Alle Energien, die du mit diesem Kartenset anrufst, sind aufbauende, bejahende, lichtvolle und unterstützende Kräfte. Du darfst ihnen vertrauen, denn sie können dich im Alltag auf neue Wege führen. Folge den Impulsen, die du erhältst!

Begrüßung der Karten

Nimm das Kartenset in die Hand, und begrüße deine Karten – mit einem Wispern, einer zarten Berührung oder einer kraftvollen Anrede wie: »Seid herzlich willkommen bei mir.« Begrüße sie so, wie du es in deinem Herzen fühlst. Du kannst dir auch jede Karte einzeln anschauen, um mit ihrer jeweiligen Botschaft und unfassbar schönen Energie in Kontakt zu treten.

Wie nutze ich die Crystal-Grid-Karten und wie die Kristall-Karten?

Dieses Kartenset ist außergewöhnlich. Wir zeigen dir einige neue Möglichkeiten auf, wie du damit arbeiten kannst. Du kannst die Karten aber auch so verwenden, wie du es gewohnt bist. Du bist vollkommen frei, die Karten so zu benutzen, wie sie dich rufen.

Falls du bei einem Thema Unterstützung benötigst, dann nutze die *Crystal-Grid-Karten,* um Hilfe aus der Geistigen Welt zu erhalten. Betrachte die Themen, und entscheide dich für eine oder auch mehrere Karten. Lege oder stelle sie an einen Ort, an dem sie gut sichtbar sind, dies kann dein Schreibtisch, dein Altar oder ein ähnlicher Platz sein. Falls auf den ersten Blick keines der Themen zu dir passt, du aber trotzdem Unterstützung brauchst, dann betrachte die Bilder, und wähle intuitiv eine Karte aus.

Falls du gerade kein spezielles Thema hast, kannst du auch ganz klassisch mit den Karten arbeiten, indem du eine Karte ziehst, und so erkennen, wo du noch Beistand benötigst. Die Karten können auch Stellvertreter sein, und sie können dich therapeutisch unterstützen.

Die *Kristall-Karten* kannst du als Ergänzung zu den Crystal-Grid-Karten nutzen. Hast du z. B. das Gefühl, mehr Klarheit oder positive Gedanken zu einem Thema zu benötigen, dann kannst du eine Kristall-Karte unter die Crystal-Grid-Karte legen, die du ausgewählt hast. Du kannst die Kristall-Karten aber auch für sich nutzen, denn vielleicht ist es gerade gar nicht das Grid, das du benötigst, sondern die Schwingung des beschriebenen Steins.

Karten auf allen Ebenen lesen

Lasse die Karten in ihrer Ganzheit auf dich wirken. Welche Assoziationen kommen dir dabei in den Sinn? Lasse dir Zeit! Die Gestaltung der Karten und die Botschaften helfen dir und können dir weitere Impulse geben. Nimm wahr, welche Gefühle und Gedanken die jeweilige Karte in dir auslöst, wenn du sie betrachtest. Lasse dich von deiner Intuition leiten. Vielleicht spürst du ein wohliges Gefühl tief in dir, oder du bekommst eine Gänsehaut, ohne dass du den Text überhaupt gelesen hast. Wenn du den Impuls hast, dann meditiere über die Karte, über das Bild und die entsprechende Botschaft, um noch weitere Informationen zu bekommen und dich intensiv mit den Kristallen und dem Grid zu verbinden. Wenn du magst, stelle die Karte auf deinen Hausaltar, neben eine Kerze oder an einen schönen Ort, an dem du sie sehen und mit ihr für den gewünschten Zeitraum arbeiten kannst. Du kannst die Karte aber nach dem Aktivieren auch mit dir führen.

Wie aktiviere oder deaktiviere ich die Karten?

Die Steine, das Muster und das Bild haben auch ohne Aktivierung der Karte eine hohe Wirkung. Würdest du selbst ein Crystal Grid legen, würdest du es im Anschluss mit einem Kristall aktivieren. Da dies mit den Karten nicht möglich ist, steht auf der Rückseite jeder Crystal-Grid-Karte eine Aktivierungsformel. Nimm die Karte dafür in beide Hände, und wärme sie. Atme dreimal tief durch, und spüre dein Herz bewusst mindestens dreimal schlagen. Sprich nun die Formel der Crystal-Grid-Karte. (Du kannst diese auch verändern, wenn sie für dich nicht stimmig sein sollte.) Hast du eine Kristall-Karte gewählt, flüstere die Formel: »Erwache für mich.«

Wenn du die Karte nicht mehr benötigst, deaktiviere sie nach Gebrauch wieder. Nimm die Karte dafür erneut in die Hände, und schüttle sie aus. Sprich folgende Worte: »Ich entlasse alle Energien und danke für die lichtvolle Unterstützung auf allen Ebenen. So möge es sein!« Nun kannst du sie zurück ins Set legen.

Legemethoden

Du kannst bei diesem Kartenset alle Legemethoden anwenden, die dich anziehen und die dir ein gutes Gefühl geben. Du kannst die Karten aber auch vollkommen frei und intuitiv benutzen. Lasse dich leiten, inspirieren, und probiere alles aus.

Kombination

Du darfst dich frei entfalten und auch mehrere Karten ziehen. Du bist frei, alle Karten zu kombinieren. Falls du ein Reading mit anderen Karten legst und diesem noch mehr Gewichtung geben oder einen Wandel herbeirufen möchtest, dann kannst du diese Karten ebenso nutzen.

Altar- und Ritualarbeit

Ein respektvoller Umgang mit deinen Karten ist das A und O. Lege sie an einen Ort, der für dich besonders ist und an dem sie für dich gut sichtbar sind. Der Altar ist ein perfekter Platz dafür. Die Grids laden uns dazu ein, diesen minimalistisch zu halten und nicht zu überladen. Du kannst die Aktivierungsformel auch dazu nutzen, deinen Altar zu aktivieren, und ihm so »Leben einhauchen«. Nutze die Karten ganz frei für dich und deine Ritualarbeit.

Interpretation

Als wir die Grids gelegt haben, haben wir uns ein Thema vorgestellt und uns von unserem Wissen und unserer Intuition leiten lassen. Allerdings kann es nun sein, dass dich ein Grid anspricht und es ein vollkommen anderes Thema für dich symbolisiert, dann darf dies so sein. Achte in diesem Fall beim Aktivieren lediglich darauf, dass du eine Formel sprichst, die deinen Zwecken dienlich ist.

Aufbewahrung der Karten

Deine Karten sind energetisch mit dir und der Geistigen Welt verbunden. Behandle sie bitte mit Liebe, und bewahre sie an einem besonders schönen Ort auf.

Wir wünschen dir ganz viel Freude mit diesem Kartenset und senden dir für alle Anwendungen unendlich viel Segen.

Deine Anne-Mareike und dein Dennis

Danksagung

... von Anne-Mareike Schultz

Ich möchte dir danken, dass du dich angezogen fühlst von den Steinen und den schönen Mustern, die unserer Welt Ordnung und Struktur schenken können, ohne Regeln zu unterliegen.
Ich bin dankbar für meine Eltern Anne-Karine und Hans-Albert, die mich immer so sein ließen, wie ich bin, und mich immer gefördert haben, ohne mich zu beschränken. Ich danke vor allem meiner Zwillingsschwester Wibke-Martina, die mich so großartig unterstützt. Ich habe euch lieb! Ich danke euch aus tiefstem Herzen, liebe Caro, lieber Tim plus Henri, liebe Hanna, Greta, Verena, Nicole und Marianne. Aber auch dir, lieber Dennis, danke ich, dass wir gemeinsam diesen Pfad gehen. Ich danke meinen Verlegern und auch meiner lieben Lektorin Kerstin, dass wir mit diesem Projekt etwas Magisches in die Welt bringen.
Wir sind dankbar, dass du, liebe Annett Hering, uns so viel Vertrauen entgegengebracht und uns deine Schatzkammer geöffnet hast (www.fengshuihaus-dresden.de).
Mögen wir nie aufhören, unseren Weg weiterzugehen. Das bedeutet nicht, dass wir vergessen oder zurücklassen, sondern es darf heißen, dass wir leben und dieses gemeinsame Netz aus Liebe um diese Welt spannen und uns magische Momente schenken.

… von Dennis Möck-Ludwig

Es gibt keinen schöneren Weg als den, den man gemeinsam gehen kann. Daher danke ich dir, liebe Leserin, lieber Leser, dass wir diese Erfahrung und die Liebe miteinander teilen dürfen. Es ehrt und erfreut mich zutiefst! Ich bin sehr dankbar, dass mich meine Eltern stets unterstützten und mir alle Erfahrungen erlaubten, auch wenn sie für sie nicht alltäglicher Natur waren. Danke, Mama, und danke, Papa, dass ihr meine Eltern seid! Meiner Oma danke ich, dass sie mein Leben lang schon für mich da ist! Auch meinen Freundinnen und Freunden sowie meinen Herzensmenschen danke ich zutiefst. Mit euch ist es erfüllend, leicht und harmonisch! Ein großer Dank geht an meine Ausbildungs- und Seminarteilnemer/-innen, die mich immer wieder inspirieren und mir sehr wichtige Lehrer sind. Danke an dich, liebe Anne-Mareike, für unsere Freundschaft, dass du mit mir lachst, weinst und einfach da bist. Schön, dass es dich gibt! Ich danke meinen Verlegern Heidi und Markus Schirner für die Möglichkeit, unser Herzensprojekt mit der Welt zu teilen, und für den Glauben an unsere Vision, denn das bestätigt mich immer wieder, beim richtigen Verlag zu sein! Danke von Herzen an Kerstin, die unsere Texte lektoriert, für deine Geduld, deine vielen Inspirationen und die schöne Kommunikation untereinander. Auf dass dieses Kartenset einen Beitrag leistet, dass wir selbst in unsere Kraft und Selbstliebe finden. Denn das ist es, wofür es sich lohnt, etwas in dieser wunderbaren Welt zu bewegen.

Über die Autoren

ANNE-MAREIKE SCHULTZ kam schon früh mit schamanischem Wissen und den unsichtbaren Welten und deren Kraft in Berührung. Nach Beendigung ihres Studiums entdeckte sie die Naturheilkunde für sich und eröffnete eine Gemeinschaftspraxis mit ihrer Zwillingsschwester in Schleswig-Holstein. Sie bietet zudem Seminare, Workshops, Meditationen, Einzelsitzungen, Onlinekurse und Seminarreisen an. Wer ein Grid für sich oder zu einem besonderen Anlass gelegt bekommen möchte, kann gern bei ihr anfragen.

www.annemareike.me
Facebook: annemareikeschultz
*Instagram: _annemareike_*

DENNIS MÖCK-LUDWIG absolvierte seit seiner Jugend verschiedene alternative Ausbildungen. Als gelernter Mentalcoach arbeitet er überwiegend im Onlinebereich. Er betreibt einen eigenen Blog, auf dem er regelmäßig Artikel veröffentlicht. Zudem bietet er Einzelsitzungen, Onlinekurse sowie Ausbildungen an und veranstaltet Retreats und Workshops zu den Themen »Innenweltreisen«, »Bewusstseinswandel«, »Ayurveda« und »moderne Rituale«.

www.dennismoeck.com
Facebook: devis.ashram
Instagram: dennis.venture